Die Entscheidung des Reichsgerichts

vom 11. Januar 1918

und

die Esser*sche* Kritik

des Urteils
des Oberlandesgerichts Cöln
vom 28. März 1917

Preis 50 Pfg.

A. MARCUS & E. WEBERS VERLAG, Dr. jur. A. AHN, BONN.

Nachdem das Reichsgericht in seinen am 11. Januar 1918 in drei verschiedenen Prozessen ergangenen Entscheidungen die bei der Berechnung der Gewinnanteile von Vorstand und Aufsichtsrat in der Folge zu beobachtenden Grundsätze festgestellt hat, ist es nicht ohne Interesse, zu untersuchen, inwieweit sich diese Feststellungen mit den s. Zt. von Geh. Justizrat Esser gemachten Einwendungen gegen das Urteil des Oberlandesgerichts Köln vom 28. März 1917 decken oder nicht decken.

Die Begründung dieses Urteils ging davon aus, daß der Gewinnvortrag einen „wirklichen, echten Reservefonds" darstelle und deshalb tantiemefrei zu behandeln sei. Hiergegen wurde von Esser ausgeführt, der Gewinnvortrag stelle in dem Jahre, wo er erzielt worden, unverteilt gebliebenen Gewinn dar, werde als Gewinn auf die neue Rechnung des folgenden Jahres übertragen und nicht als Reservefonds in die Bilanz eingestellt. Aus der Entstehungsgeschichte der auf Veranlassung der Reichstagskommission, trotz heftigen Widerspruchs der Reichsregierung, in das Handelsgesetzbuch eingebrachten §§ 237 und 245 ergebe sich, wie auch Staub und viele andere angesehene Juristen anerkennen, daß der in diesen Paragraphen gebrauchte Ausdruck „Rücklage" lediglich den handelsüblichen Ausdruck „Reservefonds" verdeutscht habe, daß aber begrifflich beide Ausdrücke ein und dasselbe bezeichnen sollten. Die Kommission habe sogar in der Begründung ihres Antrags von einem Rücklagefonds gesprochen, um die Bedeutung der Rücklage als Kapitalfonds, den der Gewinnvortrag nicht bilden könne, zu präzisieren; die Rücklage als Reservefonds habe nur in der Bilanz eine Bedeutung und könne auch nur durch Einstellung in deren Passiv entstehen, wie das Gesetz dies vorschreibe, indem dadurch das betreffende Kapital in dem Aktiv gebunden werde; durch die gedachten Paragraphen sei ausdrücklich der Reingewinn als tantiemepflichtig erklärt, der nach Vornahme aller Abschreibungen und Rücklagen verbleibe, d. h. also der verteilbare Reingewinn, aus dem auch die Dividende zu entnehmen ist, und in diesem tantiemepflichtigen Reingewinne sei auch der Reingewinnrest enthalten, der als Saldo auf das folgende Jahr übergehe. Esser lasse (vgl. seine Abhdlg. i. d. Jurist. Wochenschrift 45,794) die Tantiemen nicht aus dem ganzen Vortrage berechnen, sondern nur von dem Teile, um den sich derselbe in dem betreffenden Geschäftsjahre vermehrt hat, da von dem andern Teile bereits in den Vorjahren die Tantiemen berechnet worden, so daß, wenn ein Zuwachs nicht eingetreten, auch eine Tantieme nicht berechnet wird. Keinenfalls sei der Gewinnvortrag eine vorgenommene Rücklage im Sinne des Gesetzes, von der das Resultat der Verteilung abhängt; sie bilde sich umgekehrt erst durch die Verteilung als deren Saldo, der als solcher auf die Gewinn- und Verlustrechnung des folgenden Jahres übergeht.

Das Reichsgericht hat nun nicht wie das Oberlandesgericht den Gewinnvortrag als einen wirklichen, echten Reservefonds, sondern als eine echte Rücklage bezeichnet, die sich weiter erstrecke als ein Reservefonds. Der Gewinnvortrag werde aus dem Reingewinne des abgelaufenen Jahres zurückgestellt, um Bedürfnisse des laufenden Jahres zu befriedigen; alles, was nicht verteilt werde, vielmehr zur Verfügung der Gesellschaft bleibe, sei eine echte Rücklage. Demnach unterliege der aus dem Vorjahre übernommene Gewinnvortrag der Tantiemepflicht in dem Jahre der Übernahme, insoweit er den Gewinn dieses Jahres erhöht.

Infolge dieser Feststellung birgt die Tantiemeberechnung viele Schwierigkeiten in sich; der Gewinnvortrag, der tantiemefrei bleiben soll, steht zur Zeit, wo die Tantieme zu berechnen ist, noch gar nicht fest; er ergibt sich erst, wenn die Tantiemen ermittelt sind; es handelt sich also um die Ermittlung unbekannter Zahlen, die voneinander abhängen; dazu sind mathematische Formeln nötig, von denen aber behauptet wird, daß sie häufig nicht richtig sind; zu ihrer Aufmachung bedarf es jedenfalls eines geübten Mathematikers. Reichstag und Reichstagskommission haben keinenfalls daran gedacht, daß die von ihnen in das Handelsgesetzbuch eingefügten Paragraphen solche verwickelte Berechnungen erfordern würden.

Gewinnanteile und Belohnungen an Angestellte der Gesellschaft, die dem Reingewinne entnommen werden, sind vom Oberlandesgericht und vom Reichsgericht übereinstimmend als tantiemenpflichtige Beträge anerkannt worden, wie das auch in der Praxis stets üblich war.

Gegen die Ansicht des OLG., der Gewinnanteil des Aufsichtsrats sei nicht aus dem vollen Reingewinne mit bloßem Abzuge der 4%igen Vordividende, sondern auch unter Abzug des Betrages der Vorstandstantieme zu berechnen, weil die Sachlage es erfordere, daß bei Berechnung beider Tantiemen eine zeitliche Aufeinanderfolge eintrete, die Tantieme des Vorstands sei zunächst festzustellen, mit dieser Feststellung werde sie eine Schuld der Gesellschaft, um welche der Reingewinn sich vermindere und aus diesem also verminderten Reingewinne könne erst die Tantieme des Aufsichtsrats berechnet werden, hat sich Esser mit dem Bemerken gewandt, eine solche Reihenfolge fordere weder das Gesetz noch die Sachlage. Wäre eine solche Beschränkung beabsichtigt gewesen, so würde sie der Gesetzgeber unzweifelhaft zum Ausdruck gebracht haben. Tatsächlich liege auch die Sache so, daß der Generalversammlung ein Gewinnverteilungsplan, der die Tantiemen des Vorstands und des Aufsichtsrats enthalte, zur Genehmigung unterbreitet werde. Durch die Genehmigung entständen gleichzeitig für alle an dem Gewinne beteiligte, Vorstand, Aufsichtsrat, Aktionäre und etwaige dritte Personen, deren Forderungsrechte bezw. aus dem

Reingewinne zu tilgende Schulden der Gesellschaft; die ganze Masse bestehe aus den berechneten Beteiligungen, und niemand erhalte von der Beteiligung eines andern etwas.

In ähnlicher Weise hat sich auch das Reichsgericht ausgesprochen und die diesbezüglichen Ausführungen des OLG. verworfen. Die Möglichkeit, daß der Aufsichtsrat trotz eines größeren Reingewinnes keine Tantieme erhalte, liege in der Vorschrift des Gesetzes über die Verteilung einer Vordividende von 4 %.

Das Reichsgericht hat auch wie Esser angenommen, die Tantieme des Vorstandes gehöre nicht zu den Geschäftsunkosten, da sie unter allen Umständen einen Gewinnanteil bilde, der aus dem Reingewinne berechnet und bezahlt werde. Durch die Buchung auf Geschäftsunkostenkonto behalte doch die Tantieme den Charakter als Gewinnanteil, als einen Teil des Reingewinnes; die gedachte Buchung berühre den Begriff des Reingewinnes nicht. Was Reingewinn sei, bestimme § 261, Ziff. 6 HGB. Der Reingewinn werde durch die Tantieme nicht geschmälert, gleich als ob er vor deren Abzug nicht vorhanden gewesen wäre, vielmehr werde er durch sie ganz oder teilweise aufgezehrt. Die Ansicht des Klägers lasse sich auch in der Wirklichkeit gar nicht durchführen.

In einer der drei Entscheidungen des Reichsgerichts sind noch besondere Fragen von allgemeiner Bedeutung behandelt worden. Zunächst ob „Zuwendungen für soziale Zwecke“ aus dem Reingewinne als Rücklagen anzusehen und also tantiemefrei zu behandeln seien; diese Frage ist bejaht worden, wohl mit Recht. Denn wenn es heißt: „Für soziale Zwecke 100 000 Mk.“, ohne daß eine bestimmte Anstalt als Empfänger benannt ist, so bleibt der Betrag zur Verfügung der Gesellschaft, wird aus dem Reingewinn als Reservefonds zurückgestellt und kommt der Zukunft zugute.

Dann aber geht das Reichsgericht weiter und stellt fest, daß, wenn von der Hauptversammlung beschlossen werde, aus dem

Reingewinne bestimmte Beträge selbständigen Instituten mit juristischer Persönlichkeit oder eigener Organisation und Verwaltung (wie Pensionskassen, Stiftungen, gemeinnützigen Gesellschaften usw.) zuzuwenden, der Beschluß der Hauptversammlung ein Internum der Gesellschaft sei und bindende Kraft nur insoweit habe, als überhaupt die Kraft eines Versammlungsbeschlusses reiche. Der Beschluß sei kein Vertrag und daher die Zuwendung tantiemefrei zu behandeln.

Diese Feststellung dürfte doch zu weit gehen; sie entspricht weder der Rechtslehre noch der praktischen Übung. Warum soll ein solcher Beschluß des maßgebenden Organs der Gesellschaft, der sofort nach seiner Fassung in die Öffentlichkeit gebracht wird, als Internum gelten und ebensowenig bindend sein, wie irgend ein Versammlungsbeschluß überhaupt? Das Reichsgericht bringt hier zum Ausdrucke, daß in diesem Falle weder dem Vorstande die bindende Verpflichtung obliege, die von der Generalversammlung bewilligte Summe der betreffenden Anstalt zu überweisen, noch der Anstalt das klagbare Recht zustehe, diese Summe zu fordern. Dabei dürfte doch übersehen sein, daß der Vorstand gesetzlich verpflichtet ist, die von der Generalversammlung rite gefaßten Beschlüsse zur Ausführung zu bringen, und daß ebenso der Aufsichtsrat verpflichtet ist, über die Ausführung dieser Beschlüsse zu wachen. Beide Organe würden sich schwerlich einer solchen Pflichtverletzung schuldig machen. Die bedachte Anstalt dürfte aber auch Vorstand und Aufsichtsrat für solche Pflichtverletzungen regreßpflichtig machen. In der Wirklichkeit wird sich aber der Fall gar nicht ereignen können; abgesehen davon, daß die Anstalt von der ihr gemachten Zuwendung durch die Zeitungen sofort Kenntnis erhält, wird ihr auch der Vorstand alsbald Mitteilung davon machen bezw. den zugewendeten Betrag überweisen. Wenn nun aber das Reichsgericht auf den Abschluß eines Vertrages besteht, während es bei Gratifikationen an Beamte einen solchen nicht fordert, so würde der ja leicht zu bewerkstelligen sein. Der Vorstand brauchte ja nur, kurze Zeit vor der Generalversammlung, sobald bei ihm der Plan für die Gewinnverteilung feststeht, seine Gesellschaft in förmlicher Weise der Anstalt gegenüber zu verpflichten, ihr aus dem Reingewinne die betreffende Summe schenkungsweise zuzuwenden, unter dem Vorbehalte der Genehmigung dieser Zuwendung durch die Generalversammlung, über deren Beschlüsse bekanntlich ein gerichtliches oder notarielles Protokoll aufzunehmen ist. Erteilt die Generalversammlung alsdann die Genehmigung, so liegt ein bindender Vertrag vor, der die Gesellschaft verpflichtet und der bedachten Anstalt ein klagbares Forderungsrecht gibt.

FSC
www.fsc.org
MIX
Papier | Fördert
gute Waldnutzung
FSC® C083411

Kolibri 360 GmbH
Ferdinand-Jühlke-Straße 7
99095 Erfurt, Deutschland
produktsicherheit@kolibri360.de